AF226801

LE COLON

ET

L'DMINISTRATION

En Basse-Cochinchine

OU

RECHERCHE DES MESURES A ADOPTER
POUR LE DÉVELOPPEMENT DE LA COLONISATION
DANS LA BASSE-COCHINCHINE

PAR

PARIS

Avocat et Planteur
Ancien Administrateur des Affaires indigènes
Membre du Conseil privé et du Conseil colonial
de la Cochinchine

Prix : UN franc

PARIS

CHALLAMEL, LIBRAIRE-ÉDITEUR

5, RUE JACOB, 5

1896

LE COLON ET L'ADMINISTRATION

EN BASSE - COCHINCHINE

LE COLON

ET

L'ADMINISTRATION

En Basse-Cochinchine

OU

RECHERCHE DES MESURES A ADOPTER
POUR LE DÉVELOPPEMENT DE LA COLONISATION
DANS LA BASSE-COCHINCHINE

PAR

PARIS

Avocat et Planteur

Ancien Administrateur des Affaires indigènes
Membre du Conseil privé et du Conseil colonial
de la Cochinchine

PARIS

CHALLAMEL, LIBRAIRE-ÉDITEUR

5, RUE JACOB, 5

—

1896

A tous ceux qui, à un titre quelconque, s'intéressent au développement de la Cochinchine Française, je dédie les lignes qui suivent. Elles reflètent fidèlement l'impression que m'ont laissée de ce merveilleux pays les treize années que j'y ai vécu.

P.

Novembre 1895.

LE COLON ET L'ADMINISTRATION

EN COCHINCHINE

INTRODUCTION

La réputation imméritée d'insalubrité, faite à notre possession de Basse-Cochinchine, n'explique que trop la rareté des essais de colonisation agricole tentés pendant les vingt-cinq années de notre occupation.

Et encore, les quelques colons qui affrontèrent les ardeurs du climat, estimant sans doute que, en raison des risques à courir, il convenait de ne viser qu'aux gros revenus, dédaignèrent-ils tous la culture du riz pour s'adonner exclusivement aux cultures, dites *riches*, du café, de la canne à sucre, etc.

Or, si ces cultures donnent à l'hectare un rendement de beaucoup supérieur à celui du riz, elles nécessitent, en revanche, des soins coûteux et des avances pendant plusieurs années. Survient-il quelque accident (ce qui souvent se produit en Cochinchine), le fruit de quatre à cinq années de travaux est perdu. — Pour la culture du riz, au contraire, les dépenses sont relativement insignifiantes, et la récolte a lieu six mois après les semailles. Et, notez qu'en Cochinchine, le colon, vu la grande quantité de terres vacantes, peut étendre à peu près indéfiniment ses cultures, et réaliser ainsi les gros bénéfices, rêve de tous ceux qui s'adonnent aux cultures riches.

Quoi qu'il en soit, les échecs éprouvés par les entrepreneurs de ces dernières eurent l'immense désavantage de détourner, pendant longtemps les Européens de toute tentative d'exploitation agricole.

Cependant, depuis quelques années, on paraît revenir sur cette fâcheuse impression et vouloir faire de nouveaux essais. Mais, mieux avisés que leurs devanciers, les colons font, en général, de la culture du riz, la base de leurs entreprises.

Depuis 1892, on peut évaluer à près de 100,000 hectares l'étendue des terres concédées aux Européens.

L'administration, après avoir tout d'abord pris peur et tenté de résister à cette poussée, paraît s'être enfin convaincue qu'elle n'offrait, en expectative, que des avantages, sans présenter aucun danger. La mise en culture de nouvelles terres ne peut, en effet, qu'enrichir le pays et le budget.

La seule chose à craindre dans cette contrée, où les terres à défricher représentent plus des trois quarts de la superficie totale du sol, ce sont les échecs qui amèneraient le découragement des colons et l'arrêt de cet élan.

Il est donc du devoir strict, aussi bien que de l'intérêt sagement entendu du Gouvernement de notre colonie, de prendre toutes les mesures propres à favoriser la réussite des tentatives faites par les agriculteurs Européens.

Ces mesures, quelles sont-elles ? C'est ce que je me suis appliqué à rechercher dans cet opuscule, en exposant le régime administratif actuel, en indiquant ses imperfections au point de vue spécial qui m'occupe, et les moyens d'y remédier.

La connaissance que m'a donné de la Cochinchine et de ses besoins, un séjour déjà long soit comme fonctionnaire, soit comme colon, m'a seule guidé dans mes appréciations : Concessionnaire de plus de 1,400 hectares de terres en voie de défrichement, j'ai pu me rendre un compte exact des difficultés parfois rencontrées par l'Européen pour l'obtention des terres sollicitées, et des déboires qui l'attendent dans ses essais de cultures.

Tous ces obstacles ne sont pas absolument insurmontables ; mais il n'en est pas moins du devoir de l'Administration d'aplanir la voie au colon, chaque fois qu'elle le peut, et les quelques réformes que je vais indiquer sont d'une application facile et sans inconvénients sérieux.

Le but à atteindre est, du reste, assez beau ; si ces

réformes triomphaient et si, à la faveur d'un nouveau régime ainsi inauguré, les efforts de nos concitoyens qui s'essaient à la culture en Cochinchine
étaient couronnés de succès, ce serait pour eux et
leurs imitateurs la fortune assurée, et pour la colonie une source nouvelle de prospérité !

L'ALIÉNATION DES TERRES DOMANIALES

Et le Service topographique

———

I

Etat actuel de la Cochinchine au point de vue de la colonisation agricole. — Mode d'aliénation des terrains domaniaux. — Des demandes de concession. — Difficultés auxquelles se heurtent les Européens.

Notre colonie de Cochinchine a une superficie de plus de 5 millions d'hectares dont 1,200,000 seulement en culture. Il reste donc d'immenses terrains à concéder aux colons, n'en déplaise à certain député qui, au cours de la discussion du dernier budget des colonies, s'écriait que la Cochinchine était trop peuplée et qu'il n'y avait pas de place pour des colons.

Il a toujours été, et il est encore de bonne politique d'encourager, par tous les moyens possibles, le défrichement du sol. La fertilité admirable de celui de la Cochinchine en fait la plus riche de nos colonies, la seule qui non-seulement subvient à toutes ses dépenses, mais encore verse annuellement à la Métropole un contingent qui s'est élevé, à un moment donné, à *onze millions de francs.*

C'est ce que le Gouvernement local et le Conseil colonial ont compris, en établissant pour les concessions rurales des terres les plus grandes facilités.

Malheureusement, dans la pratique, on s'est souvent heurté à des difficultés dont l'origine vient principalement de la non-reconnaissance des terres appartenant au domaine colonial.

Théoriquement, on ne devient propriétaire en Cochinchine qu'en vertu d'une concession et de l'inscription sur les registres fonciers (Dia-Bô), matrice des rôles d'impôts ; tout détenteur de terrain qui ne satisfait pas à ces deux conditions, ou tout au moins à l'une d'elles, peut être évincé.

Mais, dans la pratique, quand on découvre des occupants de terrains dépourvus de titres et non inscrits sur les registres fonciers, on se borne généralement à les inviter à demander la régularisation de leur situation et à les inscrire d'office au cahier d'impôt. Et, malgré toutes les critiques, les hauts cris, pourrais-je peut-être dire, qu'un tel mode de procéder peut soulever, je pense que l'administration cochinchinoise a raison d'agir ainsi, du moins en principe.

En effet, dans un pays encore peu peuplé où plus des trois quarts des terres sont encore incultes, on ne saurait trop encourager les défrichements et on risquerait de les entraver en se montrant rigoureux jusqu'à l'éviction ou au dépouillement des imprudents, voire même des calculateurs qui auraient défriché et mis en culture quelques parcelles du sol domanial.

Ceci accordé, disons bien vite qu'il y a lieu de réglementer ces pratiques pour faciliter, aux Européens qui le désirent, l'exploitation des richesses du sol de notre colonie et sauvegarder leurs droits.

Pour parvenir à ce résultat, la première mesure à prendre — mesure dont l'adoption, et non, comme on pourrait le croire, l'exécution, se heurte à des difficultés inexplicables, — serait d'assurer la délimitation du domaine colonial, et, ce travail une fois fait, de le réviser fréquemment.

Dans d'autres colonies, on a dépouillé l'indigène pour le colon ; or, il est à craindre qu'en Cochinchine, si l'on continue à suivre les errements pratiqués jusqu'ici, on aboutisse à l'excès contraire, et en voici les raisons :

Supposons un Européen qui demande une concession rurale : il a eu soin d'aller préalablement visiter le terrain complètement inculte sur lequel il a jeté son dévolu ; il a parfaitement vu où s'arrêtent les cultures.

A la demande qu'il a adressée à l'administration, est joint, conformément aux règlements, un croquis ou un plan des terrains sollicités.

L'administration supérieure transmet la requête à l'administrateur de l'arrondissement où se trouve la coucession demandée ; ce dernier fait publier *pendant trois mois* et par voies d'affiches, dans les villages intéressés, la demande en concession. Cet affichage est fait par les notables du village qui font

une enquête, reçoivent les réclamations et finale-
ment adressent leur rapport à l'administrateur.

Si le terrain est convoité par ces notables ou par
quelque Annamite, ou même s'il déplaît aux chefs
du village de voir s'installer auprès d'eux des Européens dont la présence peut gêner leurs fantaisies et
leurs caprices, qui sont, assez généralement, la règle
de leur administration, le rapport qu'ils adressent
au chef de l'arrondissement est défavorable.

Lorsqu'ils sont habiles, ils vont, pour appuyer cet
avis, jusqu'à pousser quelqu'un des habitants de
leur village, à exécuter sur le terrain demandé en
concession, un semblant de travail : deux traits de
charrue, quelquefois même un seul, suffisent. Ils
mentionnent dans leur rapport que le terrain est
occupé par un ou plusieurs habitants du village, et
qu'un canal d'écoulement des eaux a été creusé à
grands frais, et a rendu propres à la culture des
terres qui, sans cela, étaient inutilisables.

Et lorsque ce rapport est communiqué à l'aspirant-
concessionnaire, ou mieux, lorsque l'administration,
se basant sur ce rapport, l'informe, quatre ou cinq
mois au moins après le dépôt de sa demande, que les
terres par lui demandées ne sont pas des terres
vierges, le futur colon n'a guère qu'à s'incliner, car
toutes les contre-enquêtes qu'il solliciterait n'abou-
tiraient (si les notables ont été assez habiles pour si-
muler une occupation), qu'à la constatation du fait
alors existant, d'un terrain sur lequel des travaux ou
tout au moins des semblants de travaux ont été exécutés, et ne pouvant, par conséquent, lui être concédé.

Cet inconvénient, qui se reproduit souvent, et qui s'explique fort bien par le fait que personne n'aime voir les étrangers s'installer chez soi (et l'implantation d'un colon Européen dans un village indigène produit un peu cet effet aux Annamites), cet inconvénient, dis-je, pourrait être facilement supprimé, si la délimitation du domaine colonial était achevée et tenue au courant.

Une fois, en effet, que l'on connaîtrait exactement ce qui appartient au Domaine colonial, on pourrait, dès le lendemain du dépôt de la demande de concession, fixer le futur colon sur la disponibilité ou la non-disponibilité des terrains par lui demandés ; une simple visite, par un agent quelconque de l'administration, suffirait ensuite pour s'assurer qu'il ne s'agit bien que de terres vierges de toute culture.

Times is money, est, aux colonies, plus qu'ailleurs, une vérité.

II

La carte de la Cochinchine au 20.000ᵉ; nécessité d'une révision périodique. — Le service du contrôle de l'impôt foncier. — Possibilité de la colonisation agricole par les Européens. — Objections.

C'est bien ce que le gouvernement local de Cochinchine avait compris, en décidant, par son arrêté du 29 décembre 1871, le levé de la carte de la colonie au 1/20,000ᵉ, par les agents du service topographique ; cette carte devant comprendre, outre les indications géographiques, les terres défrichées (avec distinction des « rizières » et des autres cultures dénommées « cultures diverses »), les limites administratives (villages, cantons, arrondissements) et le *domaine colonial* (terres marécageuses, terres élevées, forêts).

A l'heure actuelle, les 9/10ᵉ de ce travail, instrument suffisant de contrôle de l'impôt foncier, dans un pays comme la Cochinchine où la perception se fait par village et non par individu, les 9/10ᵉ de ce travail, dis-je, sont exécutés ; mais, avant même qu'il soit terminé, il devient nécessaire de le reviser.

Les défrichements vont vite en Cochinchine, et il

est plus que certain que des changements considérables ont eu lieu dans les arrondissements dont le levé date de quelques années ; je n'en veux pour preuve que l'augmentation énorme du rendement de l'impôt foncier en 1887, à la suite de la création, malheureusement éphémère, du service de contrôle de cet impôt par les géomètres.

Un seul arrondissement, celui de Travinh, produisit une plus-value de 125,000 francs.

Il convient donc de hâter le plus possible l'achèvement du plan de la Cochinchine au 20,000ᵉ, et de faire passer ou plutôt d'installer à demeure, des géomètres dans tous les arrondissements déjà levés et non complètement en culture, pour constater les nouveaux défrichements. Outre les avantages considérables qu'en retirera la colonisation européenne, ainsi que je l'ai démontré plus haut, le Trésor Cochinchinois y trouvera son compte, puisque, de cette façon, les dissimulations, par les notables des villages, de terres en culture deviendront impossibles.

Avant d'aller plus loin dans cette question et de rechercher les causes qui ont jusqu'ici empêché la réalisation de ce progrès, je dois aborder une objection qui se trouve certainement sur les lèvres de beaucoup de mes lecteurs et qui, si elle était fondée, détruirait toute mon argumentation, au moins en ce qu'elle tend à démontrer les avantages qui résulteraient de l'extension du service topographique pour la colonisation européenne ; cette objection tend précisément à mettre en doute la possibilité de cette colonisation en Cochinchine.

On prétend, en effet, que le sol de notre colonie ne peut guère produire que du riz, que l'Annamite n'a rien à apprendre de nous pour cette culture dans laquelle il est passé maître ; que l'Européen ne pourrait, sous ce climat torride, se livrer lui-même aux travaux de la terre et enfin que la culture du riz, étant une culture pauvre, ne pourrait rémunérer suffisamment un propriétaire n'exploitant pas directement.

III

Réponse aux objections. — Le rôle de l'Européen. —
Exemple et mode de faire des colons au Tonkin et en
Cochinchine.

Reprenons une à une les propositions de cette
objection :

I. — « Le sol de la Cochinchine ne peut produire
« que du riz. » — On se base, pour formuler cette
déclaration, sur les insuccès constatés des rares
colons qui, depuis une vingtaine d'années, ont fait
des essais de cultures dites riches.

Tout en reconnaissant l'échec de quelques essais
de plantation en grand de cafés, de canne à sucre,
de poivriers, etc., etc., faits par des Européens, nous
n'en protestons pas moins contre cette assertion,
sûrs d'avoir avec nous tous ceux qui ont parcouru
l'intérieur de notre colonie.

Toutes ces plantes, et, en général, toutes les pro-
ductions des pays tropicaux, viennent en Cochinchine ; s'il y a eu des insuccès, il convient de les
attribuer à des causes autres que l'impuissance du
sol à les nourrir.

Du reste, à chaque pas, on rencontre dans le pays,
des cannes à sucre, des caféiers et les propriétaires

des poivrières de Cochinchine font actuellement de brillantes affaires.

Au surplus, cette partie de l'objection a peu d'importance ; *j'engagerai toujours les colons Européens à donner dans les débuts la préférence à la culture du riz, qui est d'un rapport moins élevé, mais a, par contre, l'avantage de produire en moins de six mois.*

II. — « L'Annamite est maître en l'art de cultiver « les rizières et n'a rien à apprendre de l'Européen, « qui ne peut se livrer lui-même en Cochinchine à « la culture de la terre. » — Donc quel intérêt avons-nous à les supplanter dans cette culture ?

On pourrait d'abord répondre que, indépendamment de l'amélioration de la culture, il y a l'amélioration du sort de nos nationaux et que, si une certaine quantité d'entre eux trouvaient l'aisance ou la fortune, même dans la culture non améliorée du riz, comme la pratiquent les indigènes, il y aurait déjà là un résultat qui ne serait pas à dédaigner.

Mais il y a mieux, et nous croyons fermement que si l'Annamite a peu de choses à apprendre de l'Européen pour le mode de planter le riz, le contact et la direction de ce dernier lui rendraient de grands services pour l'amélioration de ses méthodes de culture et de ses produits.

L'Européen, en effet, remplacera la charrue de bois, dont se servent actuellement les indigènes, par des instruments en acier qui rendront moins pénible le travail des animaux de labour et, partant, permettront d'exiger d'eux une plus forte tâche.

Il enseignera à l'Annamite la sélection des grains réservés comme semences, et introduira dans le pays des variétés de riz de meilleure qualité marchande que ceux cultivés en Indo-Chine, ce qui peut avoir pour résultat de tripler la valeur des récoltes.

Enfin, il l'instruira dans la science d'un amendement rationnel des terres pour obtenir un rendement proportionnellement plus élevé et un grain plus gros.

III. — « Le riz est une marchandise pauvre, sa « culture, au moyen de travailleurs, ne serait. pas « rémunératrice. » — La simple constatation qu'il existe en Cochinchine, de gros propriétaires de rizières n'exploitant que par voie d'affermage et jouissant d'un revenu annuel qui, dans certains cas. s'élève à 3o, 4o, 5o,ooo piastres et plus, suffit à démontrer l'inexactitude de cette dernière partie de l'objection ci-dessus.

Dans son livre sur la *Colonisation française en Indo-Chine*, M. de Lanessan indique, page 216, en ces termes, comment s'y prend, au Tonkin, un colon, M. Thomé :

« Les Européens peuvent donc, en toute sécurité, se livrer à la culture du riz, en participation de bénéfices avec les indigènes. Leur rôle dans l'affaire. doit consister à faire les travaux pour l'irrigation la plus méthodique des rizières, à fournir aux paysans les avances de buffles et de semences, et les engrais.

. . . .
. . . .

« Les dépenses à faire pour l'établissement des

cultures de riz sont peu considérables. Voici, d'ap.ès les expériences faites par M. Thomé dans les plaines de Lam, les avances indispensables aux familles annamites qu'un Européen veut fixer sur une concession. Chaque village, comprenant en moyenne de vingt à vingt et une familles et six individus par famille, exige une avance en buffles, nourriture, matériel et et outillage agricole d'environ 1,000 francs. M. Thomé occupe actuellement 2,000 indigènes répartis en trois cents familles et quatorze villages, ayant exigé une avance de 16,000 francs. Il dit, dans un rapport à la Société dont il a été le représentant : « Cette population de 2,000 travailleurs pourra, dans « la situation actuelle, fournir à la prochaine récolte « une redevance de 100,000 kilogrammes de riz dé-« cortiqué, d'une valeur approximative de 6,000 « francs. » En moins de 3 ans, à ce compte, les avances seront remboursées. »

Ce sont, du reste, à peu près les mêmes errements que j'ai suivis en Cochinchine, il y a deux ans, pour commencer le défrichement de la concession qui venait de m'être accordée. Toutefois, d'après mon expérience, j'estime à un chiffre plus élevé les avances à faire, et en évaluant à 10,000 piastres, soit environ 30,000 francs, la somme à dépenser pour mettre en valeur les 1,400 hectares qui m'ont été concédés, je ne pense pas me tromper de beaucoup. Le revenu minimum de 10 à 12,000 francs que je compte en retirer annuellement, dans cinq ou six ans, ne me coûtera, on le voit, pas encore trop cher !

Je n'insiste pas et m'empresse de passer à la recherche des causes des difficultés éprouvées jusqu'ici chaque fois que l'on a voulu donner, en Cochinchine, de l'extension au Service topographique et cadrastral dont le fonctionnement complet et régulier importe au plus haut degré à la sécurité et au développement de la colonisation.

IV

Cadastre et Topographie. — Difficultés nées du rattachement du service topographique au service de l'enregistrement et de l'organisation administrative actuelle
de la Cochinchine. — Possibilité d'un *modus vivendi*.

Ces difficultés ne viennent ni du ministère, ni du
gouvernement local, ni du Conseil colonial ; elles
proviennent de causes moins élevées.

On a eu le tort, en Cochinchine, de rattacher pendant quelques années, de 1877 à 1882, 1883 à 1887,
1888 à 1893, le service topographique, mal à propos
qualifié de service du cadastre (puisque ses agents
n'ont guère fait de plan parcellaire qu'à Saïgon et
Cholon) à une administration qui lui est complètement étrangère : — l'Enregistrement.

C'était, pour le fonctionnaire à la tête de ce service,
en même temps qu'une augmentation d'attribu
tions, un accroissement de traitement.

Aussi n'est-ce pas sans résistance qu'il se laisse enlever le cadastre et ses profits. Comme il se rend
parfaitement compte que le jour où le service topographique aurait une organisation complète, il ne
pourrait, lui, chef d'un service qui ne fonctionne

qu'à Saïgon et Cholon, prétendre conserver la direction d'une administration dont les agents se trouveraient disséminés dans tous les postes de l'intérieur du pays, il trouve toujours d'excellentes raisons à opposer aux projets ayant pour but cette organisation.

En deuxième lieu, l'installation à poste fixe de géomètres dans les arrondissements rencontre des difficultés de la part de quelques administrateurs, qui voient là une atteinte portée à leurs attributions. Je m'explique : Jusqu'en 1879, les administrateurs concentraient en leurs mains la direction générale du pays : administration, justice, perception, travaux publics, cadastre, inspection des écoles, tout était entre leurs mains.

La conséquence fatale du remplacement des amiraux commandant en chef par des gouverneurs civils, a été la séparation des pouvoirs. Des tribunaux ont été installés, des perceptions créées : les services des travaux publics, de l'enseignement, ont été organisés, et, actuellement, l'administrateur, tout en restant le représentant du gouverneur dans son arrondissement et le chef hiérarchique du personnel qui y réside, n'a guère conservé, à part certains pouvoirs de police et de répression, que des attributions exclusivement administratives.

Si aujourd'hui on installait en Cochinchine un service du cadastre et de la topographie, complètement indépendant, on risquerait de se heurter à des difficultés de toute nature dont la moindre serait le mauvais vouloir de certains administrateurs.

Et cela se comprend fort bien ; les géomètres, par
la nature même de leurs travaux, sont en rapports
constants avec la population indigène qui, étant
donné le caractère annamite, verrait bientôt dans
le géomètre, s'il agissait *de proprio motu* et sans
l'intervention de l'administrateur, un contrôleur de
ce dernier. Ce qui viendrait encore le confirmer dans
cette opinion, c'est que, suivant les résultats des
opérations des géomètres, ils verraient s'élever ou
diminuer le montant de l'impôt foncier à payer au
Trésor.

C'est pour éviter ces inconvénients que le gouvernement local, au lieu d'ériger le service du cadastre
et de la topographie en administration complètement
indépendante, l'a rattaché au secrétariat général et en
a fait, en quelque sorte, un bureau annexe.

Par voie de conséquence, les géomètres sont placés
dans les arrondissements, sous les ordres directs de
l'administrateur, le chef de service ne pouvant que
leur adresser des instructions techniques.

Je reconnais, avec M. l'inspecteur Verrier (1), qui
en a fait la critique, ce qu'il y a d'irrationnel dans ce
régime, mais cette organisation, si imparfaite soit-
elle, n'en constitue pas moins un progrès sur la situation antérieure. Si, en effet, le service de la topographie et du cadastre fût demeuré une annexe de

---

(1) M. l'inspecteur des colonies Verrier, dans son
rapport qui date des premiers mois de l'année 1895, a
émis l'avis qu'il fallait rattacher le cadastre et la topographie de Cochinchine au service de l'enregistrement

l'enregistrement, on n'aurait pu espérer son développement et son organisation normale que lorsque ce dernier service aurait lui-même reçu de l'extension. Or, nous n'en sommes pas là en Cochinchine, et je crois qu'il se passera encore bien des années avant que la nécessité de receveurs de l'enregistrement dans l'intérieur du pays se fasse sentir.

Avec l'organisation actuelle, le service de la topographie et du cadastre a le champ libre devant lui ; l'expérience indiquera du reste les modifications qu'il deviendrait nécessaire d'apporter à son fonctionnement.

Il peut, d'ores et déjà, poursuivre simultanément ces deux objectifs : l'achèvement de la carte d'ensemble et le levé parcellaire, donnant ainsi satisfaction à ces trois desiderata : l'assiette générale de l'impôt, la constitution de la propriété, la détermination des terrains domaniaux.

Pour arriver à ces résultats, le gouvernement local n'a qu'à poursuivre l'application des décisions prises récemment et se conformer aux votes du Conseil colonial, le tout se résumant en ces trois points :

Faire exécuter la triangulation générale par une brigade de géomètres à ce spécialement affectés.

Hâter l'achèvement de la carte au 20,000ᵉ et faire reviser périodiquement les travaux terminés.

Rattacher les levés parcellaires (qui pour débuter ne devront être faits que sur la demande et aux frais des particuliers) à la triangulation générale.

L'ADMINISTRATION

Le Colon et les Indigènes

———

I

L'administration cochinchinoise. — Isolement du colon
dans le village annamite. — Absence d'organisation
en vue de la colonisation européenne. — Inconvénients de cette situation.

Je suis loin de vouloir faire ici, comme beaucoup
de coloniaux se l'imaginent peut-être, le procès de
l'administration cochinchinoise. Je tiens, au contraire, à déclarer que, dans notre colonie d'Extrême-
Orient, on est, d'une façon générale, très bienveil
lant pour les colons ; mais l'organisation en vigueur
est pour ces derniers, un obstacle presque insurmon-
table, et c'est là ce que je désire mettre en lumière,
tout en recherchant les modifications qu'il convien
drait d'apporter à cette organisation.

Passons rapidement en revue l'administration cò-
chinchinoise.

A Saïgon, nous trouvons un lieutenant-gouverneur, placé soûs la haute autorité du Gouverneur Général de l'Indo-Chine et, dirigeant notre colonie avec le concours d'un conseil privé composé des chefs des principaux services et de deux notables habitants. Un conseil colonial, élu en partie, vote, chaque année, le budget des recettes et des dépenses.

De cette partie de l'administration, rien à dire : ses décisions et ses actes ont presque toujours été empreints de bienveillance pour ceux de nos compatriotes, qui sont allés tenter la fortune dans la colonie.

Si nous sortons de Saïgon, ville française, administrée par un maire et un conseil municipal élus, nous voyons le territoire de la Cochinchine (à l'exception de la ville chinoise de Cholon administrée par une commission municipale et par un administrateur-maire), divisée en vingt arrondissements, ayant chacun à sa tête un administrateur des *Affaires indigènes*, y représentant le gouverneur, et *exerçant au regard des Européens, dans tout son arrondissement, les fonctions d'officier de l'état-civil.*

Observons en passant, que l'étendue d'un arrondissement varie beaucoup, que quelques-uns sont presque aussi grands que certains départements français, et que les voies et moyens de communications entre les villages et le chef-lieu d'arrondissement sont souvent moins que commodes.

Ces arrondissements sont eux-mêmes divisés en un nombre variable de *cantons*, qui se subdivisent en villages. Dans ces deux dernières circonscriptions, l'administration n'est représentée que par des fonctionnaires annamites, chefs et sous-chefs dans les cantons, conseils de notables dans les villages. Aucun point du territoire cochinchinois n'échappe à cette organisation : les terres incultes, pour domaniales qu'elles soient, n'en font pas moins partie du territoire du village, dans les limites duquel elles sont géographiquement situées.

Ceci exposé, si l'on se rappelle qu'en Cochinchine, le village forme une personne morale, majeure et maîtresse de tous ses droits, à charge seulement par elle de faire la police de son territoire et d'assurer la rentrée, dans les caisses du Trésor, de l'impôt dû par ses habitants, on se rend de suite compte que la conséquence fatale, presque nécessaire de l'organisation que nous venons d'esquisser à grands traits, est de livrer le colon européen, de par le fait même de la concession des terres qui lui sont données, à la discrétion des notables indigènes. Aucune disposition n'existe, en effet, qui détache du territoire des villages, auxquels elles sont géographiquement rattachées, les terres concédées aux colons européens et qui réglemente la situation de ces derniers par rapport aux villages qui les entourent. *Un seul texte existe, qui ait prévu l'agriculteur européen,* c'est l'arrêté qui décide que, pour la perception de l'impôt foncier dû par le colon européen, il sera établi un rôle nominatif et spécial.

Le Colon, isolé au milieu des villages indigènes,

n'a personne pour faire respecter ses droits ; s'il est
lésé, soit par ses employés, soit par ses voisins indigènes agissant isolément ou comme villages, il lui
faut, pour obtenir justice, s'adresser au chef-lieu
de son arrondissement souvent fort éloigné ; ses adversaires s'uniront *presque toujours* contre lui,
l'étranger, l'envahisseur, l'ennemi commun, quelques sacrifices qu'il ait consentis pour se faire sinon
aimer, tout au moins supporter. De plus, lorsque
ses plaintes, qu'il devra faire porter par un exprès,
(le service postal entre le chef-lieu et les villages
étant, comme tout le reste, entre les mains de notables indigènes), arriveront au chef-lieu, il trouvera
souvent l'administrateur prévenu contre lui, ce qui
s'explique par ce fait que la police est, et ne peut
guère être faite, en l'état actuel, que par les indigènes.

Fréquemment, du reste, les chefs de canton sou-
tiendront dans leurs rapports administratifs, les pré-
tentions et les dires de leurs congénères.

Les difficultés sont encore plus grandes pour le
colon, si des querelles s'élèvent entre ses employés
indigènes et les villages voisins. Les autorités annamites commencent alors généralement par arrêter les
adversaires, sans se préoccuper du préjudice causé,
par l'internement de ses ouvriers, à l'Européen resté
étranger à leurs différends.

Si, au lieu de faits administratifs, il s'agit de faits
délictueux, et qu'une plainte ait été portée au Procu-
reur de la République du ressort, le colon risque de
se heurter aux mêmes *impedimenta* : la même coa-
lition des indigènes groupés contre lui.

Le transport sur les lieux du fonctionnaire français ou du magistrat saisi de la plainte, amènerait souvent une solution équitable, mais ce moyen de contrôle entraînerait des déplacements et des frais trop considérables pour être d'une pratique courante.

Le voisinage des colons et des Annamites n'amène pas, heureusement, que des difficultés ; il est aussi la source de transactions entre ces deux éléments de population. Le législateur a prévu ces rapprochements et a *sagement* édicté que, pour ces sortes de contrats, ce serait la loi française qui serait applicable.

Tout en reconnaissant que théoriquement il était logique d'en décider ainsi, je ne dois pas méconnaître que, dans la pratique, il semblerait désirable que l'Européen put, *à son gré,* se placer sous l'empire de la loi annamite. Cela lui aurait souvent évité des frais doubles et donné des droits qui lui font complètement défaut.

Supposons, en effet, un Européen qui passe un contrat avec un annamite qu'il ne connaît qu'imparfaitement ; il n'aura d'autre ressource, pour s'assurer de l'identité de son co-contractant, que de recourir au mode indiqué par la législation indigène : la certification des notables du village. S'il lui était permis d'opter pour la loi annamite, il aurait droit de requérir cette certification, tant pour cette identité que pour la sincérité des déclarations faites dans l'acte quant aux questions de propriété.

En l'état, c'est par une simple complaisance des

notables, qu'il obtient une certification relative à l'identité de son co-contractant, et il n'a pas même le droit de demander la communication, pour le consulter s'il en a besoin, du registre foncier, véritable matrice cadastrale, qui existe dans chaque village.

Malgré les avantages qui résulteraient pour le colon de cette faculté d'option entre les deux législations française ou indigène, je ne préconiserai pas son adoption en Cochinchine. Les asiatiques, qui la possèdent, en profitent pour duper aussi bien l'Européen que l'indigène, et je crois plus rationnelle la tendance à supprimer plutôt qu'à étendre cette dualité de législation.

Il serait, du reste, assez facile sinon de faire disparaîte complètement, tout au moins d'atténuer en grande partie les *impedimenta* que je viens de signaler : 1° en décidant que tout territoire concédé à un Européen cesserait de droit et officiellement de faire partie du village auquel il appartient géographiquement ; 2° en concédant au colon *français* certaines prérogatives, certains pouvoirs administratifs sur le territoire compris dans la concession à lui accordée ; 3° en lui assurant le bénéfice régulier du service postal, dit régional, existant entre le chef-lieu d'arrondissement et les villages ; 4° en créant exceptionnellement, pour certains cas déterminés, au profit du colon, un droit de réquisition sur les autorités indigènes de son voisinage.

Quelques réformes destinées à donner aux transactions immobilières une sécurité qui leur fait souvent défaut, en l'état de la législation, et l'enseignement, jusqu'ici presque complètement négligé, de la langue française parlée, à la masse des indigènes, compléteraient d'une façon très satisfaisante ces quelques mesures, dont l'adoption me paraît importer au plus haut point à la réussite des colons français en Cochinchine.

Je vais, maintenant, examiner en détail et successivement chacun des points que je viens de signaler.

II

Distraction du territoire des villages annamites, des terres concédées aux Européens

Il convient tout d'abord, avons-nous dit, de décider que « tout territoire concédé à un Européen cessera de droit et *officiellement* de faire partie du village indigène auquel il appartient géographiquement. »

Il n'existe, pour la réalisation de cette réforme, aucune difficulté pratique. Ainsi que nous l'avons expliqué plus haut, les villages comprennent, dans leurs limites, des terrains inoccupés d'une étendue quelquefois décuple, et souvent plus considérable, de leur superficie habitée et cultivée. Or, les concessions ne peuvent porter que sur les terrains inoccupés.

On pourrait peut-être objecter qu'il serait préférable de ne pas attendre la concession de ces terres pour les distraire des villages, dont elles ne font partie que nominalement. A cela nous répondrons que l'administration cochinchinoise a, au contraire, un intérêt considérable à maintenir telles quelles les limites actuelles des villages ; ceux-ci étant chargés de la police et responsables de la sécurité sur leur territoire.

La distraction du territoire des villages des terres concédées à un colon européen, ne deviendrait effective que par le fait de la mise en possession, faite par les autorités françaises, en présence des notables. Certains arrangements pourraient alors être contractés entre le colon et le village, en présence du représentant de l'administration française, relativement à la surveillance et à la jouissance de la partie des terres concédées dont le colon n'entreprendrait pas la mise en exploitation immédiate. Mais une fois le colon mis en possession, le village n'aurait plus, sur les terres concédées, ni sur les personnes y installées, à quelque nationalité qu'elles appartiennent, aucun droit, aucune juridiction, aucun pouvoir.

III

Régime administratif sous lequel doit être placé le colon
européen. — Essai de M. de Lanessan au Tonkin. —
Rattachement des concessions européennes d'un même
arrondissement à une municipalité à créer au chef-
lieu. — Les centimes additionnels régionaux et les
prestations.

Quel serait le régime administratif sous lequel
serait placé le colon et ses aides indigènes ?

M. de Lanessan, dans son livre sur la colonisation
européenne en Indo-Chine, raconte en ces termes,
page 231, la façon dont il avait tranché cette question,
au Tonkin, en faveur d'un colon :

« J'ai fait, à Lam, avec M. Thomé, une expérience
« intéressante. La concession qui lui a été accordée
« se trouve en territoire militaire..... Le colonel
« Galliéni, commandant du territoire, me proposa
« d'investir M. Thomé d'une sorte de pouvoir admi-
« nistratif sur tous les indigènes de sa concession.
« Cela faciliterait la police, la création des voies de
« communication, etc. Comme le caractère très bien-

« veillant de M. Thomé se prêtait à l'expérience, je
« l'autorisai. Nous n'avons eu qu'à nous en louer.
« Ce coin de terre s'administre et fait sa police sans
« aucune intervention des autorités annamites ou
« françaises. Il y a quelque temps, des malfaiteurs
« essayèrent de traverser la plaine ; ils furent arrêtés
« par les habitants. »

Ce serait évidemment là, la meilleure méthode à
suivre en Cochinchine, si l'on pouvait déterminer à
suivre l'exemple du colonel Galliéri les administrateurs respectifs de chaque arrondissement, où exis-
tent des colons qui ont réellement et effectivement
pris possession de leurs concessions et en ont com-
mencé l'exploitation.

Les attributions conférées aux *colons français seulement* ne devraient pas, bien entendu, être données
sans certaines obligations correspondantes, et notamment celle d'aviser l'administrateur au moins
mensuellement de ce qui se passerait sur leur territoire.

Les Français, exploitant par des colons partiaires
indigènes, pourraient constituer parmi ces derniers
une sorte de conseil dirigeant, ayant, au point de
vue des pouvoirs et des responsabilités, quelque
analogie avec les conseils ses notables indigènes des
villages, et qui lui fournirait les éléments du rapport
mensuel à adresser à l'administrateur de l'arrondissement.

Cette organisation n'empêcherait nullement les
indigènes au service du colon, qui se prétendraient
lésés par ce dernier ou par d'autres, de s'adresser,

suivant la nature de leurs griefs, à l'administrateur ou au parquet de leur arrondissement.

Ainsi serait réalisé le deuxième *desideratum* que nous exprimions plus haut : « Concéder au colon français certaines prérogatives, certains pouvoirs administratifs. »

Je ne prétends pas, loin de là, que ce soit la seule solution qui puisse être adoptée. C'est, de tous les systèmes, celui qui me séduirait le plus, et j'ai été, je l'avoue, très heureux de pouvoir citer un précédent dans le cas de M. Thomé, rappelé par M. de Lanessan.

On pourrait peut-être éviter le reproche que l'on fera à cette combinaison d'ériger en quasi-fonctionnaires, de simples colons, et cela en rattachant à des municipalités à créer dans tous les chefs-lieux, les terres concédées à des Européens et situées dans le même arrondissement. Cette combinaison aurait l'avantage de favoriser l'installation de commerçants et industriels européens dans l'intérieur du pays, dont les Chinois ont eu, jusqu'ici, le quasi-monopole.

Dès 1889, je réclamais en ces termes dans le *Cochinchinois* (numéro du 17 janvier 1889), la création de ces municipalités :

« Si nous voulons voir la colonisation se déve-
« lopper, la séparation des pouvoirs doit être com-
« plétée. Il faut que l'administrateur cesse d'être le
« *factotum* qu'il est aujourd'hui. Pour cela, une
« mesure s'impose de prime abord ; la création de
« municipalités dans tous les chefs-lieux d'inspec-

« tion. Ces institutions délivreraient l'administrateur
« du soin de veiller aux services municipaux de
« toutes sortes que nécessite la présence d'une popu-
« lation européenne plus ou moins nombreuse.

« On nous objectera sans doute que dans la plu-
« part des chefs-lieux d'arrondissement, il n'existe,
« en dehors des fonctionnaires et employés, aucun
« résident européen, et partant que la formation
« d'un conseil ou d'une commission municipale n'y
« est pas possible.

« A cela nous répondrons que les fonctionnaires
« peuvent, même à Saïgon, faire partie du Conseil
« municipal, et qu'il ne serait pas difficile de trou-
« ver, dans la plus petite des inspections, trois
« fonctionnaires, en dehors de l'administrateur,
« pour remplir les fonctions de conseillers munici-
« paux.

« Joignez-y deux asiatiques, et vous aurez une
« commission municipale au grand complet. Cette
« commission, qui aurait son président élu par elle
« ou choisi par l'administration, aurait les mêmes
« attributions que la commission municipale de
« Cholon.

« L'organisation nouvelle permettrait aux Euro-
« péens d'aller s'installer dans les chefs-lieux d'ins-
« pection, sans avoir à se préoccuper d'une foule de
« détails, auxquels ils sont actuellement forcés de
« songer, et pour lesquels ils sont forcés d'avoir re-
« cours à l'obligeance de l'administrateur.

« Ce dernier, de son côté, débarrassé des tracas et
« ennuis occasionnés par l'obligation où il se trouve

« de veiller aux services municipaux du chef-lieu,
« pourrait alors se livrer tout entier à ses fonc-
« tions véritables : l'administration des affaires indi-
« gènes.

« Il y a là, pour le développement de la coloni-
« sation en Cochinchine, une question importante,
« que nous demandons à l'administration de bien
« vouloir mettre à l'étude. »

L'absorption du gouvernement de la Cochinchine
par le gouvernement général, plus particulièrement
occupé du Tonkin, a jusqu'ici empêché l'administration d'étudier cette question, qui intéresse cependant plus que jamais la colonie.

Les ressources ne manqueraient pas aux municipalités constituées aux chefs-lieux des arrondissements. Les produits des fermes, des bacs et des mar-
chés qui, pour certains villages indigènes au centre
desquels se trouvent les services administratifs français, s'élèvent jusqu'à 25,000 piastres (environ 70,000
francs) ; les impôts de toute nature perçus actuellement au profit soit de l'arrondissement, soit des villages *sur les terres* (notamment celles des colons
européens) *et les individus* qui seraient appelés à
faire partie des nouvelles communes, formeraient un
budget toujours suffisant.

On pourra, de prime abord, trouver exorbitante
cette partie de ma proposition tendant à enlever aux
budgets d'arrondissement les impôts prélevés actuellement sur les territoires et les habitants rattachés
aux nouvelles municipalités ; mais, outre qu'il ne
faut pas songer à créer de nouveaux impôts, si l'on

se rappelle que les budgets d'arrondissement sont établis et votés par des conseils d'arrondissement exclusivement composés d'indigènes, délégués des notables des villages et délibérant en secret, sous la présidence de l'administrateur, on trouvera fort naturel d'enlever à ces assemblées les ressources nécessaires au fonctionnement de la nouvelle organisation, puisqu'on les décharge, par contre, de tous travaux sur le territoire des municipalités.

Procéder autrement serait, du reste, ouvrir la porte à des conflits incessants.

Au surplus, l'arrondissement trouvera son avantage à ce mode de faire : le chiffre des dépenses faites au chef-lieu, et dont il sera exonéré dans l'avenir, excédant souvent, pour ne pas dire toujours, les recettes réalisées sur son territoire.

La municipalité chef-lieu rendrait aux colons européens, habitant l'arrondissement et par conséquent ses administrés, tous les services compatibles avec ses ressources et serait leur intermédiaire naturel auprès du Gouvernement pour appuyer leurs revendications. Aux colons, dont la propriété constituerait une section de commune éloignée du chef-lieu, on pourrait laisser le soin d'exécuter certains travaux, d'assurer certains services en exonérant, en échange, ses ouvriers, fermiers ou employés indigènes, des impôts payés actuellement au titre des villages (prestations, frais de garde, etc..., etc...)

Le monopole de la vente de l'opium et de l'alcool de riz sur sa propriété devrait également pouvoir être réservé au colon qui le demanderait.

Par la suite, et lorsque le nombre des colons européens cultivateurs, groupés dans un même arrondissement, le permettrait, il y aurait lieu d'organiser des municipalités indépendantes de celle du chef-lieu.

IV

Le Service postal des villages. — Réformes à apporter à son fonctionnement pour en faire bénéficier le colon européen.

Il n'est pas, je suppose, besoin de démontrer *l'utilité* d'un service postal mis à la portée des colons européens éloignés des centres où sont installés des bureaux : le seul point à examiner, c'est la façon dont ce service pourrait être créé à peu de frais.

Actuellement, ainsi que nous l'avons indiqué plus haut, le service de la poste, en dehors des villages, assez peu nombreux, où se trouvent des bureaux postaux et télégraphiques, est assuré dans chaque arrondissement par l'administrateur, au moyen de courriers, dits *trams*, et avec le concours des chefs de cantons et de leurs plantons appelés *tung-gia*.

A Saïgon, les lettres et journaux à destination de l'intérieur de la Cochinchine sont répartis en autant de sacs ou dépêches qu'il existe de bureaux. Dans les dépêches à destination des chefs-lieux d'arrondissement, sont mises toutes les correspondances destinées aux villages de cette circonscription administrative, sauf celles où existe un bureau postal. Au chef-lieu d'arrondissement, la dépêche est ouverte, les plis destinés aux européens habitant les villages formant l'agglomération chef-lieu, distribués par le planton du bureau et le surplus remis à l'administrateur. Ce dernier expédie correspondance et journaux aux chefs de canton, qui les font remettre par leurs *tung-gia* aux notables des villages, chargés en dernier lieu de les distribuer aux intéressés.

Cette organisation existait avant la conquête ; mais elle ne fonctionnait que pour assurer la transmission des ordres ou instructions de l'autorité annamite. Actuellement, elle est ouverte aux correspondances particulières, mais fonctionne irrégulièrement, surtout quand il s'agit de lettres d'européens, qui ne peuvent compter que sur la complaisance des notables indigènes, pour transmettre leurs missives, ou leur faire parvenir celles qui leur sont adressées.

Pour obvier à ces inconvénients, il suffirait de créer, pour chaque colon, ou, quand il en existerait plusieurs, pour chaque groupe de colons européens habitant le même village, une dépêche spéciale dans laquelle seraient renfermés tous les plis à leur adresse. Cette dépêche serait formée au chef-lieu d'arrondissement, par le receveur des postes, qui la transmettrait à l'administrateur, avec les autres correspondances à destination des villages. Elle serait remise à la demeure même du colon par le *tung-gia*, ou les notables, suivant le cas.

Pour assurer la visite régulière du chargé de la poste chez le colon, il conviendrait de laisser en dépôt chez ce dernier un sac à dépêches. qui devrait être périodiquement rapporté au chef-lieu, soit avec les correspondances, soit même vide.

La correspondance régulière ainsi assurée, éviterait au colon bien des soucis et aplanirait bien des difficultés. Les notables indigènes, sachant le colon européen à même de porter ses réclamations à qui de droit, sans se déranger, s'observeraient davantage.

V

De la création du droit pour le colon français de requérir, dans certains cas, le concours des autorités indigènes,

Les bienfaits de cette modification apportée au
fonctionnement actuel du service postal régional,
trouveraient un complément des plus heureux dans
la création du droit, pour les colons français éloignés
du chef-lieu d'arrondissement, de réquisitionner,
dans certains cas urgents les autorités indigènes, et
spécialement les notables des villages voisins de leur
propriété.

Sachant, en effet, que le colon pourrait, en cas de
refus non fondé de déférer à ses réquisitions légiti-
mes, (demande de certification d'identité, communication des registres fonciers, etc...), sachant, dis-je,
que le colon pourrait sûrement et rapidement saisir
l'autorité supérieure, les fonctionnaires ou notables
annamites y regarderaient à deux fois avant de lui
créer des difficultés. Il va sans dire que la concession d'un privilège de cette nature devrait être en-

tourée de précautions destinées à prévenir les abus, et au premier rang desquelles, serait l'obligation pour le colon de prévenir l'administrateur de sa circonscription, chaque fois qu'il ferait usage de ce droit, et d'indiquer l'objet de sa réquisition, ainsi que la réponse des agents requis.

VI

Digression sur les avantages à retirer par les indigènes
de la présence au milieu d'eux d'agriculteurs européens. — Du danger de l'accaparement des terrains.
— Nécessité d'exiger strictement le paiement de l'impôt par les colons. — Primes à l'agriculture. — Utilité d'un syndicat des agriculteurs européens.

Avant d'aller plus loin dans l'examen des diverses réformes à adopter en vue du développement de la colonisation, je crois utile de souligner
ici que les mesures, dont je préconise l'adoption,
sont autant à l'avantage de l'indigène que de l'Européen.

Il y a place pour tous en Cochinchine, et bien des
années, peut-être des siècles, s'écouleront avant que
la terre prenne par elle-même, et indépendamment
des travaux de mise en culture, une valeur quelconque.

L'indigène qui témoigne de la jalousie, en voyant
un colon européen s'installer à côté de lui sur des

terres incultes, agit un peu comme les enfants qui sont insatiables. Loin de se montrer hostile, le cultivateur annamite devrait se réjouir de ce voisinage d'un Européen. Ce dernier en effet, pour rendre ses terres propres à la culture, y fait exécuter des travaux qui profitent dans une certaine mesure aux terres voisines, les améliorent, si elles sont déjà cultivées, les rendent plus faciles à mettre en culture si elles sont encore en friches.

Pour faire exécuter ces travaux de débroussaillement, de canalisation, de défrichement, l'Européen emploie des travailleurs annamites; le salaire de ces derniers se dépense, pour partie au moins, sur place; c'est donc autant d'argent qui reste dans les villages voisins.

Un seul danger serait à craindre, qui ne peut exister qu'autant que l'administration sera imprévoyante : je veux parler de l'accaparement des terres. Cet accaparement, d'une façon générale, n'est pas à craindre dans un pays qui, comme la Cochinchine, compte plus de quatre millions d'hectares de terres disponibles. Mais il peut se produire d'une façon locale, pour certains villages, certains cantons.

Je suppose, par exemple, — le cas est fréquent là-bas, — un village de 5,000 hectares d'étendue, dont 1,000 hectares seulement cultivés; il est bien évident que si l'administration concédait, à un ou plusieurs colons européens, la totalité des 4,000 hectares incultes de ce village, elle agirait légèrement et sans prévoyance. Ce serait, en effet, s'opposer au développement de la race annamite, à laquelle la Cochinchine doit sa prospérité sans cesse croissante jusqu'ici. Ce serait aussi une spoliation déguisée, car, comme je le disais tout à l'heure, dans un pays vierge, les travaux de défrichement profitent, non seulement aux terres mises en culture, mais aussi, dans une certaine mesure, aux jachères voisines.

Enfin, point intéressant, dont on me paraît ne pas s'être jusqu'ici suffisamment préoccupé en Cochinchine, on enlèverait aux habitants du village, auquel on ne laisserait que ses terres en culture, tout moyen de nourrir et de parquer leurs buffles, de l'époque du repiquage à celle de la récolte du riz. En effet, une fois les rizières repiquées, il faut aux buffles, de toute nécessité, d'autres espaces pour y pâturer et s'y ébattre ; et ce sont justement les terres incultes des villages qui sont à l'heure actuelle réservées à cette destination.

Tout danger d'accaparement serait facilement évité si l'on décidait, par exemple, que des concessions de terres ne pourront être données sur le territoire de chaque village, qu'autant qu'il restera à ce dernier, au moment où la Concession est demandée, et distraction faite de cette dernière, une superficie inculte au moins double de la surface cultivée.

Cette étendue de terres incultes ne devrait pas être réservée, pour la totalité, sur les confins des cultures ; ce serait, dans beaucoup de cas, isoler trop complètement le colon européen et le placer trop loin des voies de communication, sans aucun avantage pour l'indigène qui se trouverait, au contraire, par le fait de cet éloignement, souvent privé des avantages que peut lui procurer le voisinage des colons européens.

Au surplus, les terres réservées devant être affectées en partie à la pâture des buffles, l'Annamite n'a aucun intérêt à les avoir toutes à une trop grande proximité de ses cultures.

Une autre mesure à prendre, dans le but d'éviter des spéculations contraires au développement de la prospérité de la colonie, serait d'exiger rigoureusement le paiement de l'impôt foncier à partir du jour où il est dû.

Les règlements sur le retrait des concessions de terres, dans le cas d'inexécution des conditions, sont, en Cochinchine, trop souvent lettre morte. Il est arrivé que, pendant sept ou huit ans, des concessionnaires sont restés propriétaires des terres à eux données, sans y avoir jamais dépensé un sou, sans avoir payé l'impôt, sans même, pourrait-on peut-être ajouter, les avoir jamais visitées.

L'éviction de tels concessionnaires s'impose à un double point de vue : elle rendra d'abord disponibles pour les travailleurs, tant européens qu'indigènes, des terres qui resteraient improductives. Elle préviendra ensuite le danger des spéculations malhonnêtes de certains Européens, laissant croire par une inaction voulue, que les terres à eux concédées appartiennent encore au domaine, et venant réclamer ensuite un loyer aux indigènes qui les ont défrichées et s'y sont installés.

On évitera en grande partie ces dangers en exigeant le paiement de l'impôt. On ne se figure guère, en effet, dans un pays où le loyer de l'argent atteint 40, 50 o/o et même plus, on ne se figure guère, dis-je, un Européen payant annuellement l'impôt pour une étendue de terre considérable (les grandes concessions sont les seules à craindre au point de vue qui nous occupe), c'est-à-dire une assez forte somme, s'il n'a en perspective une rémunération certaine, ce qui ne peut exister que s'il met ses terres en valeur.

On pourrait du reste corriger ce qui peut paraître excessif dans cette exigence rigoureuse du paiement de l'impôt, en décidant que la Commission chargée de répartir le crédit voté annuellement par le Conseil colonial pour primes à l'agriculture, visitera d'office chaque année les concessions européennes soumises à l'impôt.

La prime donnée au colon proportionnelle aux efforts faits par lui, compenserait, lorsqu'il y aurait lieu, le paiement de l'impôt qui, au contraire, pèserait tout entier sur le colon paresseux ou indifférent.

On m'objectera peut-être que le rôle de contrôleur, dont je demande à une commission purement administrative de se charger, rentrerait plutôt dans les attributions d'un syndicat ou d'une Chambre d'agriculture ; je ne fais nulle difficulté pour le reconnaître ; malheureusement aucun syndicat, aucune représentation des agriculteurs n'existe actuellement en Cochinchine. Et cependant, que de services rendrait aux colons européens une institution de cette nature! Je reviendrai ailleurs sur la nécessité de cette institution, dont la création ressort plus de l'initiative individuelle que de l'administration.

LE RÉGIME FONCIER ET LE CRÉDIT

I

Le crédit à l'Agriculture en Cochinchine. — Insuffisance des prêts sur récóltes. — Insécurité des prêts fonciers. — Absence de prescription en droit Annamite; nécessité de l'instituer. — Indivision familiale. — La conservation des rôles d'impôt personnel.

Le gouvernement n'a pas à assurer aux colons que la sécurité matérielle et morale, et les moyens de communications : il doit aussi lui donner la possibilité de se procurer les fonds. qui peuvent lui être nécessaires, par une législation sage et prévoyante sur le crédit.

En Cochinchine, on s'est préoccupé de cette question : les décrets de 1875 et de 1888, le premier créant, le second prolongeant le privilège de la « Banque de l'Indo-Chine », ont mis au nombre des obligations imposées à cet établissement, les prêts sur récoltes. Des arrêtés locaux ont réglementé le mode de réalisation de ces prêts, d'abord en ce qui concerne les indigènes (1876), puis, longtemps après, seulement en 1893, pour les Européens.

La garantie de l'administration coloniale édictée par ces arrêtés, pour les sommes ainsi prêtées, enlève, en quelque sorte, à ces opérations tout caractère aléatoire vis-à-vis de la Banque qui, cependant, réalise à leur occasion un intérêt de 8 o/o l'an.

D'autre part, la colonie, pour se couvrir des risques qu'elle assume par suite de la caution donnée par elle, à raison des prêts faits aux indigènes, exige la caution solidaire des notables du village des emprunteurs ; il en résulte que souvent les prêts sur récoltes aux Annamites sont détournés de leur destination ; l'argent en provenant est, entre les mains des notables, intermédiaires forcés, un instrument de spéculation : ils prêtent à 3o o/o et plus, ce qui leur coûte 8 o/o.

Au surplus, le prêt sur récoltes, quand il s'agit d'une culture comme le riz, et d'un pays où, comme en Cochinchine, les espaces à mettre en culture sont considérables, n'offre qu'un intérêt médiocre pour le cultivateur désireux d'étendre son exploitation. Le prêt sur récoltes suppose, en effet, un champ ensemencé, planté ; or, en Cochinchine, lorsque les riz (principale culture du pays) sont repiqués (septembre), la crue des eaux empêche les travaux de défrichement, et bien peu de temps s'écoule entre l'époque où ces travaux peuvent être repris (décembre) et celle de la récolte (janvier), avec laquelle doit, à peu de chose près, coïncider le remboursement des prêts de la nature de ceux qui m'occupent.

Ce qu'il faut, en Cochinchine, au cultivateur, tant indigène qu'européen, ce sont des avances qui lui permettent de donner de l'extension à ses cultures, c'est-à-dire des avances remboursables à plus longue échéance. Le capitaliste prudent fera cependant bien de ne pas consentir des prêts pour un trop long espace de temps ; la récolte donnant quelquefois, dès la première année, de quoi couvrir les frais de défrichements. Mais c'est là affaire au prêteur !

Le rôle de l'administration doit se borner à éditer telle réglementation qui permette au capitaliste de placer ses fonds avec sécurité. Une fois ce *desideratum* réalisé, les offres de prêts aux cultivateurs afflueront, et il en résultera, au profit des paysans annamites, une baisse notable dans le taux de l'intérêt, et, pour nos compatriotes, plus de facilités à placer avantageusement leurs capitaux.

Sous l'empire de la législation actuelle en Cochinchine, on peut dire, en effet, que le prêt d'argent aux propriétaires fonciers n'offre aucune sécurité. D'une part, la prescription n'existe pas, et l'indivision, avec propriété apparente au nom de l'aîné de la famille, est, de fait, la règle en droit annamite.

Les inconvénients d'une telle législation ressortiront encore davantage, si l'on se rappelle qu'en Cochinchine il appartient aux notables indigènes, à l'exclusion de tous autres, de certifier la généalogie de leurs congénères, et que la tenue des registres fonciers *(Diabô)*, est entre leurs mains. Le danger, en ce qui concerne ce dernier point, est, il est vrai, atténué, dans une certaine mesure, par l'existence dans chaque inspection (1) du double de ces registres fonciers.

Avec un tel régime, on conçoit que le crédit immobilier (du moins en ce qui concerne la propriété rurale), n'existe pour ainsi dire pas en Cochinchine. A maintes reprises, il a été question de fonder dans notre colonie des établissements de prêts hypothécaires, mais toujours les promoteurs de cette idée faisaient appel à la garantie de la colonie. Hâtons-nous de dire que cette garantie a été refusée, mais la demande, qui en était faite, démontre péremptoire= ment le peu de sécurité qu'offrent, en l'état, les placements hypothécaires. Aussi, en attendant un changement dans la législation, les quelques prêteurs qui se risquent à avancer leur argent, tiennent compte dans une large mesure de l'aléa par eux couru, en exigeant des intérêts de 3o à 40 o/o l'an.

Si nous examinons les risques auxquels s'expose le prêteur avec la législation actuelle, nous verrons qu'il suffirait de peu de chose pour y remédier.

La prescription, nous l'avons dit plus haut, n'existe pas en droit annamite; cependant, dans deux cas particuliers, elle est inscrite dans la loi indigène: 1° en matière de partage familial, quand « cinq ans » se sont écoulés depuis la signature de l'acte de partage, les co-partageants ne peuvent plus en deman-

---

(1) Nom donné communément en Cochinchine aux bureaux de l'administrateur-chef d'arrondissement, et, par extension, quelquefois aux arrondissements eux-mêmes.

der la rescission, sous quelque prétexte que ce soit ; 2° en matière de vente à reméré (l'échéance du terme n'emporte pas, en droit annamite, dessaisissement du vendeur sous condition, elle n'a pour effet, indépendamment du privilège accordé au prêteur pour le remboursement de la somme avancée, que de rendre possible des poursuites contre le vendeur, lorsque « quarante années » se sont écoulées depuis la signature du contrat, le vendeur primitif est alors, mais seulement alors, déchu du droit rachat.

L'absence de prescription, en dehors de ces cas, est déjà par elle-même, peu faite pour inspirer confiance au prêteur Européen.

Mais si, à cette première cause, on ajoute celle qui résulte de l'*indivision*, dans laquelle sont généralement maintenus les biens patrimoniaux entre les divers membres d'une famille, on conçoit alors que l'insécurité soit complète.

Supposons un propriétaire annamite qui possède des rizières recueillies dans l'héritage paternel. Il est seul héritier, ou du moins paraît être seul : en tous cas, on ne lui a jamais connu, *de mémoire d'homme*, de parent collatéral pouvant avoir des droits sur les biens dont il a la paisible jouissance. Ce propriétaire contracte un emprunt et donne ses titres de propriété en gage.

Le prêteur court alors divers risques : Le premier, d'avoir un débiteur de mauvaise foi, qui s'entendra avec un tiers quelconque pour surprendre la bonne foi des notables, et leur faire certifier une généalogie dans laquelle le tiers figurera comme descendant, (au même titre que le débiteur,) de l'aïeul propriétaire originaire de la terre engagée. Le tribunal, devant lequel le parent supposé portera sa revendication, ne pourra qu'ordonner le partage réclamé et le prêteur verra ainsi partie de son gage disparaître.

On peut aussi bien supposer le débiteur de bonne foi, et les notables de connivence avec le pseudo-parent, sans que le résultat soit changé. Enfin, il est possible que le réclamant ait réellement les droits qu'il revendique.

Il est donc indispensable d'établir la prescription dans tous les cas où elle est prévue par nos Codes. Toutefois, j'estime que, quant à la durée de la possession exigée pour prescrire, elle devait être modifiée, et, pour la fixer, il conviendrait de tenir compte de ce fait qu'en Cochinchine, la terre n'a de valeur que par sa mise en culture. Toute terre abandonnée retourne bien vite à l'état de « brousse ».

Quant aux dangers résultant d'une indivision prolongée, dangers déjà considérablement réduits par l'introduction de la prescription en droit annamite, ils seraient complètement détruits par l'obligation imposée aux notables, « sous leur responsabilité », de faire mention de cette indivision, quand elle existerait, en regard du nom du propriétaire apparent porté au *Diabô*. Au lendemain, par exemple, du décès du père de famille, la terre serait inscrite, selon l'usage, au nom du fils aîné avec mention que le partage n'a pas été fait et aussi avec indication de l'usufruit de la mère de famille, s'il y avait lieu.

Enfin, pour diminuer les chances d'erreur dans l'établissement et la certification des généalogies, il suffirait de décider que les rôles d'impôt personnel devront mentionner exactement la situation de famille de ceux qui y sont inscrits, avec le nom de leurs femmes et de leurs enfants, (cela se faisait sous le régime annamite), et que ces rôles, établis en double expédition, seront conservés dans les villages et dans les inspections. En cas de désaccord sur les généalogies produites dans les procès avec la certification des notables, ces rôles seraient un précieux moyen de contrôle.

II

Les Régimes immobilier et hypothécaire en Cochinchine. — Difficultés et insécurité résultant de la coexistence des deux lois : française et annamite. — Insuffisance de la réglementation actuelle ; modifications à y apporter.

Ces diverses réformes donneraient aux transactions entre indigènes une sécurité aussi complète que possible ; mais, en ce qui concerne les transactions immobilières et les prêts hypothécaires entre Européens et indigènes, il serait indispensable d'y ajouter quelques dispositions spéciales.

Lorsqu'un Européen contracte avec un Asiatique, c'est, nous l'avons vu, la loi française qui est, qui doit toujours être applicable.

Cette règle est fort simple en théorie, mais son application, en matière immobilère, rencontre une foule de difficultés nées de ce que le régime des terres varie selon la nationalité de leur détenteur. Tant que la terre appartient à un Européen, elle est régie par le Code français ; vient-elle à être vendue à un Asiatique, *ipso facto* la loi annamite lui devient applicable. En tout état de cause, cependant, elle est en principe susceptible d'être grevée d'hypothèque, selon la loi française.

Ceci exposé, passons rapidement en revue, et successivement, le régime immobilier, suivant les deux législations en vigueur en Cochinchine.

Le régime français fonctionne comme dans la métropole. Une seule conservation des hypothèques existe à Saïgon pour toute la colonie.

Une question s'est posée, qui n'a pas reçu, jusqu'ici, de solution définitive, à propos de la faculté qu'ont les Asiatiques de se placer, quand ils en font la déclaration, sous l'empire de la loi française. Il s'agit de savoir si le conservateur des hypothèques a le droit de se refuser à inscrire l'hypothèque résultant d'un jugement rendu par un tribunal français, (les seuls existant maintenant en Cochinchine), jugeant en matière indigène, entre deux Asiatiques ? En 1892, le conservateur de Saïgon avait résisté à une telle demande d'inscripton, prétendant que le régime immobilier annamite ne prévoyait pas cette procédure ; il s'inclina devant un jugement du tribunal de Saïgon jugeant en matière française, décidant qu'en n'obtempérant pas à la réquisition faite, il excédait ses droits ; mais la question, je le répète, n'a pas été tranchée définitivement.

En droit annamite, les ventes de terres (les terres seules sont considérées comme immeubles, sans doute à raison du peu d'importance qu'avait jusqu'ici la fortune mobilière), les ventes de terres, dis-je, doivent, pour être opposables aux tiers, être passées devant les notables du village de la situation des biens vendus ; ces notables donnent l'authenticité aux actes par l'apposition du cachet du village. La mutation consacrée par la vente doit être faite par les soins des mêmes notables, sur les registres de la propriété foncière tenus au village, et transmise à l'administrateur de l'arrondissement pour la perception des droits et la mention à faire sur le double du *Diabò* tenu à l'Inspection.

Le prêt hypothécaire n'existe pas, en droit annamite : l'emprunteur, dont on exige une garantie immobilière, consent à son bailleur de fonds un acte de vente à réméré des terres qu'il veut engager. Le terme stipulé pour le rachat n'a, comme nous l'avons vu, d'autre signification que la fixation de l'époque d'exigibilité du prêt, et le vendeur n'est jamais déchu de son droit de rachat que s'il laisse passer quarante ans sans l'exercer. Le vendeur à réméré doit, comme le vendeur à titre définitif, remettre, avec l'acte de vente, ses titres de propriété à l'acheteur, mais il reste inscrit au *Diabò*, et c'est généralement lui qui continue à payer l'impôt. Souvent, pour ne pas être dessaisi effectivement, le vendeur à réméré prend à bail de son acquéreur, la terre donnée en gage, par un acte passé aussitôt après celui de vente à réméré.

Maintenant que nous savons comment fonctionne isolément les deux régimes fonciers (français et annamite) co-existant en Cochinchine, examinons ce qui se passe lorsque les deux législations se rencontrent par suite de transactions entre Européens et indigènes.

Comme je l'ai dit plus haut, c'est la loi française qui doit être appliquée; mais le législateur a omis de déterminer, pour le changement de nationalité de terres, si je puis m'exprimer ainsi, les formalités à remplir tant par le vendeur que par l'acquéreur. Ces formalités, qui restent à fixer, doivent avoir pour objet de rendre cette mutation publique au regard de tous, et assurer ainsi dans l'avenir la sécurité des transactions dont les terres vendues feront l'objet.

L'exposé de ce qui se passe actuellement indiquera mieux que tous les raisonnements, l'urgence d'une telle réglementation.

Je suppose un Asiatique vendant sa terre à un Européen :

L'indigène, muni de ses titres de propriété, d'un extrait du *Diabô* constatant son inscription actuelle audit registre, et de ses pièces d'identité, se rend chez le notaire avec son acquéreur. L'acte est passé, enregistré, transcrit; ce sont là toutes les formalités requises par la loi française, la seule, je le répète, applicable, en l'espèce, d'après la législation actuelle.

L'acquéreur est donc fondé à se croire définitivement propriétaire, sans crainte d'éviction d'aucune sorte. Il n'en est malheureusement pas ainsi : indépendamment des dangers que j'ai signalé plus haut, résultant de l'absence de prescription, et de l'indivision dans laquelle demeurent généralement les indigènes malgré les apparences, il en est d'autres qui tiennent à l'ignorance où peut se trouver la masse des Asiatiques d'un acte passé, exclusivement, sous l'empire de la loi française.

L'Annamite, qui a vendu sa terre à un Européen, reste, en effet, inscrit au *Diabô*, seul registre public de la propriété des Asiatiques, et il peut parfaitement la céder à nouveau, à l'un de ses congénères, avec la certification des notables agissant de bonne foi. Il ne pourra, il est vrai, remettre ses anciens titres de propriété, puisqu'il les aura, généralement du moins, déjà livré à son acquéreur Européen, mais cette absence des titres n'est pas une formalité tellement substantielle que les notables ne puissent passer outre à la vente dans la plupart des cas.

La même tromperie peut se produire dans le cas d'un prêt hypothécaire, aucune disposition n'enjoignant aux prêteurs Européens de faire mentionner leur hypothèque sur le *Diabô*, et ceux qui tiennent ces registres n'étant tenus par aucun texte de déférer aux réquisitions qui leur seraient faites dans ce but.

Il ne faudrait pas que le lecteur s'imaginât que je cherche à plaisir les combinaisons au moyen desquelles l'Européen peut être dupé par les indigènes, et que, dans la réalité, les faits ne justifient pas les craintes ci-dessus exposées.

Sans remonter bien haut, je puis citer le cas d'un prêt hypothécaire fait par un Européen, en 1886, à un indigène de l'arrondissement de Mytho. En 1894, les intérêts n'étant plus servis, le prêteur voulut faire saisir les propriétés hypothéquées, il se heurta à un acte de vente consenti par son emprunteur à un de ses congénères. Le tribunal de Mytho, puis la Cour d'appel de Saïgon, saisis de l'action en revendication du prêteur, le déboutèrent ; l'indigène emprunteur, ayant mis ses autres biens à l'abri, jouit impunément du fruit de sa mauvaise foi. Le Code pénal, en effet, ne prévoit pas de pareils agissements.

Pour conjurer un semblable danger dans l'avenir, il suffirait de décider que les notaires et greffiers-notaires ne pourraient recevoir d'un indigène un acte transférant un droit immobilier quelconque, qu'autant que la production leur serait faite d'un extrait du *Diabô* mentionnant qu'il a été délivré en vue de l'acte à passer.

Il est à remarquer que si les notables faisaient des difficultés, l'intéressé pourrait toujours obtenir cet extrait de l'Administrateur. L'acte une fois transcrit, le notaire devrait en adresser un extrait à l'administrateur de l'arrondissement de la situation des biens hypothéqués ou vendus, ce fonctionnaire devant assurer son inscription sur le *Diabô*.

Cette réglementation ne serait suffisante que dans le cas d'hypothèque ou de vente librement consentie.

En ce qui concerne la vente forcée, c'est-à-dire par expropriation en suite d'un jugement, un arrêté local de 1882 a prévu les formalités à remplir, et a décidé que les notables indigènes remplissant les fonctions d'huissiers devraient, avant de saisir les immeubles, s'assurer qu'ils n'étaient grevés d'aucune hypothèque inscrite à la conservation de Saïgon. Le même arrêté stipulait que, dans le cas où il existerait des inscriptions sur les biens à saisir, le créancier poursuivant serait tenu de procéder selon la forme de la loi française et le code de procédure.

Mais rien n'a été prévu pour assurer au créancier européen que l'hypothèque judiciaire qu'il ferait inscrire à la conservation de Saïgon (la seule qui existe pour toute la Cochinchine) aurait son effet sur les biens de son débiteur asiatique, dans le cas d'une vente amiable.

Pour bien comprendre ce qui va suivre, il ne faut pas oublier que l'hypothèque résultant d'un jugement de condamnation frappe tous les biens présents et à venir du débiteur. Mais pour que cette hypothèque soit opposable aux tiers, il faut qu'elle soit portée à leur connaissance par son inscription au bureau de la conservation dans le ressort de laquelle sont les biens du débiteur.

Or, j'ai démontré tout à l'heure que la publicité de l'hypothèque *aux yeux des indigènes*, ne peut résulter que de son inscription au *Diabô* de la situation des biens : une réglementation spéciale s'impose donc pour assurer les effets de l'hypothèque judiciaire à l'égard des asiatiques.

Etant donné que tous les *Diabô* des villages sont tenus en double au chef-lieu de chaque arrondissement, et d'autre part, qu'il appartient à ceux qui contractent de s'assurer des droits de leurs co-contractants, il suffirait, à mon avis, de décider que le conservateur des hypothèques de Saïgon, requis d'inscrire une hypothèque en vertu d'un jugement rendu contre un Asiatique, sera tenu d'adresser des extraits (des imprimés pourraient être faits en vue de simplifier l'exécution de cette prescription) concernant cette inscription à tous les administrateurs-chefs d'arrondissements. Ces extraits seraient transcrits ou même simplement collés sur les feuilles d'un registre *ad hoc* à créer dans chaque inspection, avec tables donnant, par ordre alphabétique, les nom, profession, âge et domicile des Asiatiques contre lesquels des hypothèques judiciaires existeraient.

Lorsqu'un indigène (au regard de l'Européen, l'inscription au bureau des hypothèques de Saïgon suffisant) lorsqu'un indigène, dis-je, achèterait ou accepterait en gage une terre d'un de ses congénères, il n'aurait pour s'assurer que la propriété, dont s'agit, est bien libre de toute hypothèque judiciaire, qu'à lever un extrait de ce registre tenu au chef-lieu de l'arrondissement de la situation des biens. S'il négligeait cette formalité et que la terre par lui achetée ou sur laquelle il aurait prêté, fût grevée, il n'aurait qu'à s'en prendre à lui des conséquences de sa négligence.

Ces formalités me paraissent être les seules, qui, tant que sera maintenue la législation actuellement en vigueur en Cochinchine, puissent remédier aux inconvénients cités plus haut.

On remarquera, en effet, que, dans tout ce qui précède, je me suis attaché à ne pas toucher à la législation actuelle, en elle-même : L'administration, quand il s'agit d'aussi grosses questions que celle d'un changement de régime, mettant trop longtemps

à les résoudre, il m'a paru préférable de me borner
à chercher tout d'abord à améliorer ce qui existe.

Si les quelques réformes que je viens d'indiquer
sommairement étaient décidées, il en résulterait, aussi
bien pour les Asiatiques que pour les Européens, des
facilités de crédit inconnues jusqu'à présent et, ce
qui n'est pas à dédaigner, un abaissement considérable dans le taux de l'intérèt.

L'ENSEIGNEMENT

Et la Colonisation

I

L'Enseignement en Cochinchine. — Le *quốc ngữ*; ses avantages pour les missionnaires, ses inconvénients pour un peuple colonisateur. — L'enseignement du Français, méthode à adopter. — Les caractères chinois.

J'ai indiqué plus haut, parmi les améliorations à apporter au fonctionnement de l'administration cochinchinoise en vue de favoriser la colonisation, l'enseignement rationnel de la langue française aux indigènes. J'entends la « langue française parlée » principalement, car c'est là le point qui importe aux Français qui viennent s'établir en Cochinchine. On

peut affirmer, en effet, que l'une des causes princi-
pales des hésitations de nos compatriotes à se lancer
dans les entreprises avec les indigènes, réside dans
l'impossiblité où ils se trouvent la plupart du temps
de se faire comprendre, à moins d'un apprentissage
préalable de la langue du pays. Un interprète, en
admettant qu'il soit fidèle, honnête et conscien-
cieux (qualités qui se rencontrent difficilement, en
Extrême-Orient surtout), ne rendra jamais, d'une
façon entièrement exacte, la pensée de celui qui
parle.

Or, en Cochinchine, nous avons eu le tort de
prendre pour base de l'instruction donnée aux enfants de nos sujets, l'étude première et obligatoire
de la langue du pays, ce qui, à mon avis, est une
faute. Mais nous avons été plus loin dans cette
voie : la langue annamite vulgaire n'ayant pas d'écriture particulière, en dehors des signes dits « caractères chinois » (1), lesquels ne s'emploient guère
que pour la langue dite mandarine, nous avons dé-
cré.é, dans nos écoles, l'enseignement d'une écriture
purement artificielle, à laquelle on a donné le nom
de « quôc-ngû », et qui n'est que la transcription des
sons de la langue annamite vulgaire en lettres de
notre alphabet, d'après certaines règles imaginées
par les Missionnaires qui nous avaient devancé de
plusieurs siècles en Cochinchine.

____

(1) Écriture commune à tous les peuples d'Extrême
Orient.

L'adoption de ce système a eu pour résultat de nous donner, trente-cinq ans après la conquête, une Cochinchine aussi difficile à pénétrer, pour le colon français, que lors de la conquête. En effet, il n'y a pas à l'heure actuelle cinquante villages, sur les deux mille deux cents existant dans notre colonie, où un Français puisse se faire comprendre.

La population n'eût cependant pas été plus rebelle à l'enseignement de la langue française qu'à celui du « quôc-ngû » (qui lui était, abstraction faite peut-être des 20,000 chrétiens, tout aussi étranger), surtout si nous avions fait à côté une place à l'étude des caractères chinois. Il était, par contre, nécessaire de « proscrire » de nos écoles d'une façon absolue le système artificiel du quôc-ngû », dont l'étude ne pouvait qu'absorber l'intelligence des jeunes annamites au détriment du français. Rien n'aurait cependant empêché d'indiquer aux commençants la façon dont pouvaient se transcrire, avec les caractères latins, les sons de leur langue maternelle, mais *ceci uniquement en vue de leur faciliter l'apprentissage de notre alphabet et de la valeur de nos lettres.*

Ce n'est pas que je ne reconnaisse que le *quôc-ngû* ait rendu des services : les missionnaires qui l'ont inventé, il y a plusieurs siècles, en ont tiré un grand parti non seulement en Cochinchine, mais encore dans tous les pays évangélisés par eux, lorsqu'ils se sont trouvés en présence d'une écriture ajoutant des difficultés à l'enseignement de la langue (1), mais je prétends que ce système n'a que des inconvénients, lorsqu'il s'agit d'ouvrir un pays asiatique, africain ou tout autre, à la colonisation européenne. Je vais essayer de le démontrer.

Les missions, ayant pour unique but la conversion au catholicisme des indigènes, ne cherchent qu'à rendre plus facile à leurs agents la connaissance de la langue du pays à évangéliser. Il est tout à fait secondaire, pour le but qu'ils poursuivent, que leure néophytes parlent un langage ou un autre. Ils trouvent toujours facilement, pour en faire leurs auxiliaires, quelques sujets d'élite auxquels ils apprennent le latin ; à la masse des convertis, la langua maternelle suffit et est seule enseignée.

Un peuple conquérant qui n'aurait d'autre objectif que d'exploiter le travail rationnellement organisé au moyen de fonctionnaires du peuple conquis et d'en encaisser le produit, pourrait, à la rigueur, trouver dans le *quôc-ngû* un auxiliaire suffisant, mais il n'en est pas ainsi si, en même temps qu'il veut tirer de ses avances un profit légitime et difficilement contestable, le conquérant désire tout à la fois, améliorer la condition de ses nouveaux sujets et fournir à l'activité de ses concitoyens de nouveaux champs d'exploitation. A cet effet, il doit préparer, autant que possible, le peuple conquis à recevoir le contact

---

(1) Sans sortir de l'Indo-Chine, nous pouvons citer les langues siamoises, malaises, cambodgiennes et divers dialectes laotiens qui ont été traduits de cette façon.

du conquérant et dans cet ordre d'idées l'apprentissage de la langue de ce dernier est au premier rang.

Le colon, réduit à ses propres ressources, n'a pas, en effet, dix-huit mois ou deux ans à perdre dans l'étude de la langue : il importe au plus haut point à son succès qu'il puisse, dès son arrivée dans la colonie, se mettre à l'œuvre.

L'enseignement obligatoire du français, comme base de l'instruction à donner aux indigènes, *s'impose donc au gouvernement de la Cochinchine, s'il veut en favoriser la colonisation*. Mais, ce principe posé, des tempéraments doivent y être immédiatement apportés.

Il ne faut pas oublier, en effet, que nous nous trouvons, en Cochinchine, en présence d'un peuple ayant un langage complètement étranger au nôtre, langage primitif, dans lequel les verbes ne s'emploient qu'à l'infinitif, précédés du sujet ou du pronom qui le remplace; les temps s'indiquant au moyen de préfixes ou de suffixes. Pas de syntaxe, la construction de la phrase, toujours très courte, est la plus simple : sujet, verbe, complément.

On conçoit que, dans ces conditions, peu d'Annamites arriveraient à posséder une connaissance, même rudimentaire, de notre langue, si les programmes, en Cochinchine — une fois l'enseignement du français rendu obligatoire — étaient ceux de nos écoles primaires.

Il faut donc, sans oublier que l'objectif à réaliser est de permettre au plus grand nombre possible d'indigènes d'arriver à comprendre le français, et de se faire entendre de nos compatriotes, il faut donc, dis-je, se résigner à n'enseigner dans nos écoles cantonales et des villages de Cochinchine que des *mots français* — en choisissant les plus usités dans la conversation et en indiquant, comme moyen de les assembler, la construction même de la langue annamite. Vingt ans, trente ans au plus tard après l'inauguration de ce système, les indigènes parleraient couramment ce français primitif qui est usuel dans nos vieilles colonies des Antilles et de La Réunion.

Pour assurer le succès de ce nouveau genre d'enseignement, il serait indispensable d'ouvrir des écoles dans chacun des villages où il n'existe pas encore et de les organiser là où elles fonctionnent déjà à l'état d'embryon. Il conviendrait, en outre, d'apporter des améliorations au mode de recrutement des instituteurs indigènes et de relever leur condition matérielle et morale. Des primes pourraient en outre être allouées annuellement aux plus méritants d'entre eux.

A cet effet, des inspecteurs français devraient être créés pour visiter périodiquement les écoles primaires, et des concours de fin d'année institués au chef-lieu d'arrondissement entre les élèves les mieux notés.

A côté de l'enseignement du français, rien n'empêcherait, comme je l'ai dit plus haut, les instituteurs indigènes, d'initier les enfants à la connaissance des deux ou trois cents caractères chinois usités depuis des siècles dans les actes courants de la vie annamite : ventes, partages, contrats de mariage, rôles d'impôts, etc., etc.

Quant à la langue vulgaire, qui n'existe qu'en tant que langue parlée, son enseignement doit être complètement exclu des écoles de tous les degrés ; la tradition suffira pour en conserver ce qui sera nécessaire.

II

Recrutement des instituteurs des villages. — Evaluation
  des dépenses nécessites par l'amélioration de leur
  situation.

Le recrutement des instituteurs annamites auxquels serait confiée la réalisation du plan d'enseignement que je viens d'esquisser à grands traits, offri-
rait, en l'état actuel, des difficultés considérables,
pour ne pas dire insurmontables.

Pour l'assurer, dans l'avenir, il conviendrait en première ligne d'ouvrir ou plutôt de réouvrir (l'institution ayant déjà existé en Cochinchine) une école
normale pour former les instituteurs indigènes.

Mais d'ores et déjà, comme je le disais plus haut,
si nous voulons avoir des sujets capables et en assez
grand nombre, il faut leur offrir des avantages au
moins égaux à ceux des fonctionnaires indigènes
appartenant aux autres l'administrations.

Actuellement en effet, les annamites qui sortent de
nos écoles, avec leur brevet de capacité, préfèrent
souvent rester à ne rien faire que d'accepter les
fonctions de maître d'école. Ce dédain s'explique :
l'indigène nommé, dans une Administration quel-

conque, secrétaire, interprète ou lettré, gagne de suite 16 piastres par mois, avec espoir normal d'arriver, par avancement, à une solde mensuelle de 45 à 5o piastres environ. De plus, il jouit, au regard de ses congénères, de la considération qui s'attache, en Cochinchine, peut-être encore plus qu'en France, au chargé de fonctions publiques. Aux instituteurs cantonaux et des villages, les administrateurs, chargés du recrutement dans leurs circonscriptions respectives, offrent généralement 8, 10 ou 12 piastres par mois, soit à peu près le salaire d'un *coolie* (homme de peine). Quant à l'avancement, je ne crois pas qu'il existe en Cochinchine un instituteur de la catégorie de ceux dont je m'occupe ici touchant une solde de 15 piastres par mois. C'est le *paria* de l'Administration, et il est considéré à peu près comme tel par l'Annamite. On s'explique, dans ces conditions, que la situation ne soit pas recherchée, et que lorsque par hasard un sujet capable s'y est fourvoyé, il s'empresse d'en sortir le plus vite possible.

Dans les villages, le maitre d'école n'est pas même logé. Une maison en *paillottes* (1) pour abriter ses élèves, quelquefois de mauvais bancs au gré des notables, et c'est à peu près tout.

Il conviendrait de faire à ces auxiliaires précieux

---

(1) Expression communément employée pour désigner les feuilles de palmier d'eau, qui sont, avec le bambou et le rotin, les seuls matériaux nécessaires à la construction des habitations indigènes.

une situation équivalente à celle des autres salariés indigènes de l'administration.

Actuellement, la dépense occasionnée par les écoles des cantons et des villages pèse en entier sur les arrondissements et les communes : je proposerais de faire contribuer le budget de la colonie aux améliorations réclamées.

Chaque village aurait la charge de construire et d'entretenir, non seulement le bâtiment à destination d'école, mais aussi le logement de l'instituteur. Ces constructions, en feuilles de palmier, sont peu onéreuses. L'instituteur deviendrait le secrétaire *obligé* du conseil des notables, il serait, en même temps, professeur de caractères chinois. Les villages payant tous un secrétaire, et beaucoup d'entre eux entretenant à 6 ou 7 piastres par mois un professeur de caractères chinois, ce ne serait pas les obérer que de les obliger, pour rémunérer l'instituteur assurant ces deux services, à verser 10 piastres par mois.

Les arrondissements paient actuellement sur leur budget la solde des instituteurs des cantons et des villages à raison de 8, 10 et 12 piastres et les fournitures scolaires. Il ne serait donc pas exagéré que de leur demander, dans la nouvelle organisation, de payer uniformément 10 piastres par mois pour chaque instituteur, tout en continuant à fournir le matériel et les fournitures scolaires, à l'exception des livres qui seraient procurés par la colonie.

La colonie paierait le surplus de l'augmentation de dépenses, dans lesquelles devait figurer une somme pour primes aux instituteurs et prix aux élèves.

Le surcroît de dépenses pèserait, on le voit, presqu'en entier sur les budgets dec arrondissements et de la colonie. Voyons quelle serait la charge qui en résulterait pour nos finances.

Il existe, je l'ai déjà dit, 2,200 villages en Cochinchine. Je suppose que la solde de début d'un instituteur serait la même que celle d'un élève interprète ou secrétaire de l'Administration centrale, soit 16 piastres par mois, que l'on créerait 6 classes d'instituteurs, et que la différence de traitement, entre chaque classe, serait de 5 piastres par mois.

Cela établi, si nous admettons, ce qui est exact, que les fonctionnaires sont toujours plus nombreux au bas qu'au sommet de l'échelle, nous trouvons que, pour donner aux instituteurs de village en Cochinchine, une situation égale à celle de leurs camarades des autres administrations, la dépense mensuelle serait de :

500 inst.	de	6ᵉ classe	à	16 piast.		8.000 p.	
450	—	5ᵉ	—	21	—	9.450	»
400	—	4ᵉ	—	26	—	10.400	»
350	—	3ᵉ	—	31	—	10.850	»
300	—	2ᵉ	—	36	—	10.800	»
200	—	1ʳᵉ	—	41	—	8.200	»

Totaux   2.200 instituteurs   57.700 p.
et 692,400 piastres par an.

Les villages contribueraient au paiement de cette somme, dans les conditions relatées plus haut, à raison de 10 piastres par mois et par village, pour 264,000 piastres. (12 $\times$ 10 $\times$ 2.200.)

Les arrondissements, à raison de 10 piastres par instituteur et par mois, paieraient la même somme. (Actuellement, les crédits inscrits aux budgets régionaux pour l'Instruction publique sont de 70.000 piastres seulement.)

Quant à la colonie, elle devrait pour parfaire la dépense verser 164,000 piastres auxquelles il y aurait lieu d'ajouter une somme suffisante (20,000 piastres environ), pour les primes et prix à distribuer aux maîtres et aux élèves, cette dépense venant tout entière en augmentation des crédits actuellement prévus au budget local pour l'instruction publique.

La réouverture de l'Ecole normale n'entraînerait pas de frais nouveaux, en l'installant dans les bâtiments de l'ancien collège de Mytho ; et on trouverait facilement dans le personnel européen existant les maîtres capables de former les instituteurs indigènes.

En réalité, les charges nouvelles, pour les finances de la colonie, résultant de l'application complète du nouveau régime que je viens d'exposer, seraient d'environ 400.000 piastres, supportées moitié par les budgets régionaux, moitié par le budget local de la Cochinchine.

III

Les vacances, — L'inspection des écoles des villages. — Les programmes d'enseignement. —Ecoles d'arrondissements et colléges coloniaux.

En dehors de la question capitale du bon recrutement des instituteurs, il serait indispensable d'édicter, pour les écoles des villages, des dispositions spéciales relatives aux vacances. Les enfants, en dehors de l'école, n'entendant parler que l'annamite, oublieraient, pendant les six semaines ou deux mois de congé donnés habituellement à la fin de l'année, les mots français par eux appris. Il faudrait donc, pour assurer le succès de l'enseignement du français dans les villages, diviser les vacances en plusieurs périodes de huit ou dix jours chacune, au cours de l'année.

Ce mode de faire aurait du reste un autre avantage : les vacances des directeurs et professeurs d'écoles d'arrondissement ne coïncidant pas avec celles des magisters des villages, les premiers pourraient être chargés, facultativement, pendant l'interruption de leurs cours, moyennant une petite rémunération, de l'inspection des écoles de villages dans leur arrondissement. Leurs visites régulières n'empêcheraient pas celles inopinées que l'administroteur chef de l'arrondissement, le directeur de l'enseignement et les inspecteurs primaires feraient au cours de l'année.

Les instituteurs des villages devraient être tenus d'adresser mensuellement, ou même plus fréquemment, un rapport détaillé sur la marche et les besoins de leur école, le nombre des élèves, etc..., à l'administrateur, qui en donnerait connaissance au directeur de l'école du chef-lieu d'arrondissement. Ce dernier, de son côté, serait tenu de condenser les renseignements y contenus dans son rapport mensuel au directeur de l'enseignement.

Le programme des études dans les écoles des villages devrait être des plus simples, et consister, en premier lieu, dans l'enseignement d'un certain nombre de mots français et de leur signification. La méthode à adopter serait celle de l'enseignement oral et de l'enseignement par les yeux, puisque, tout au moins dans les débuts, les jeunes Annamites ne seraient initiés ni à la lecture, ni à l'écriture.

L'enseignement de l'alphabet, des combinaisons des lettres (lecture), de leur formation (écriture) et les premières notions de calcul (4 règles) formeraient, avec l'étude de quelques caractères chinois, le programme complémentaire des écoles des villages.

A la fin de chaque année, un concours réunirait au chef-lieu les meilleurs élèves des écoles primaires de l'arrondissement présentés par leurs maîtres. Les résultats de ce concours et les notes données par les divers fonctionnaires ayant inspecté les écoles au

cours de l'année serviraient de base pour l'attribu-
tion de primes aux instituteurs les plus méritants.

Au fur et à mesure de la diffusion de l'enseignement du français dans les villages, il conviendrait de
se montrer plus difficile pour la concession de
bourses dans les écoles (internats) d'arrondissement
et les colléges coloniaux. Les programmes de ces
établissements devraient être modifiés et mis en
concordance avec ceux des écoles des villages.

Celles d'arrondissement deviendraient, par suite
de la proscription du *quôc nǵû*, de véritables écoles
secondaires pour l'enseignement du français. Les
matières à y enseigner pourraient alors utilement
correspondre à celles formant l'objet des programmes des écoles primaires de France. Il conviendrait
toutefois d'insister plus spécialement sur l'enseignement agricole et de démontrer aux jeunes Annamites combien, dans leur pays surtout, la profession
de cultivateur est supérieure, en profits et en indé-
pendance, à celle de scribe.

Dans les colléges de Saïgon, on pourrait continuer
à préparer les candidats aux brevets élémentaires,
supérieurs, et même au baccalauréat moderne; mais
il serait indispensable, à côté de cet enseignement
pour ainsi dire théorique, d'organiser d'une manière
complète, définitive et sur les bases les plus larges
l'instruction professionnelle et surtout agricole.

TABLE

Imprimerie du « *Petit Troyen* » G. ARBOUIN, 128, rue Thiers — Troyes